HOMBRE MOSCA PRESENTA: DINOSAURIOS

Tedd Arnold

Scholastic Inc.

A mi amigo Wyatt—T.A.

Photo credits:
cover background: Wouter Tolenaars/Shutterstock; cover inset: Marques/Shutterstock; 4: Purcell Team/Alamy; 5: Purcell Team/Alamy; 6: Gary Hincks/Science Source; 7 top: Planetary Visions Ltd/Science Source; 8 top right: Kim Taylor/Warren Photographic /Science Source; 8 bottom: MARK GARLICK/Science Photo Library/Corbis; 8 top left: Walter Myers/Stocktrek Images/Corbis; 9 bottom: Andrew Bret Wallis/Gettyimages; 9 top: Roger Harris/Science Photo Library/Corbis; 10 top right: iStock/Thinkstock; 10 bottom left: Hemera/Thinkstock; 10 top left: iStock/Thinkstock; 10 middle: Mark Boulton/Alamy; 10 bottom right: Ken Cavanagh/Alamy; 10 top middle: Chris Mattison/Frank Lane Picture Agency/Corbis; 11 bottom: John Kaprielian/Science Source; 11 top left: London Taxidermy/cultura/Corbis; 11 top right: Louie Psihoyos/CORBIS; 12 bottom left: Millard H. Sharp/Science Source; 12 top left: Louie Psihoyos/CORBIS; 12 top right: Sinclair Stammers/Science Source; 12 bottom right: Marka/SuperStock; 13: Ken Lucas/Gettyimages; 14 bottom: Scott Camazine/Science Source; 14 top: Craig Brown/Stocktrek Images/Corbis; 15 bottom: LEONELLO CALVETTI/Science Photo Library/Corbis; 15 top: NHPA/SuperStock; 16 bottom: Gabbro/Alamy; 16 top: Stocktrek Images, Inc./Alamy; 17: Louie Psihoyos/Corbis; 18: Daniel Eskridge/Stocktrek Images/Gettyimages; 19 bottom: Craig Brown/Stocktrek Images/Corbis; 19 top: Natural History Museum, London, U.K © The Natural History Museum/The Image Works; 20–21: Craig Brown/Stocktrek Images/Corbis; 21 top: Aaron Amat/Shutterstock; 22 top: Image Source/Gettyimages; 22 bottom: Friedrich Saurer/Science Source; 23: Roger Harris/Science Source; 24–25 center: Victor de Schwanberg/Alamy; 25 bottom right: Hans Strand/Corbis; 26 top: Louie Psihoyos/CORBIS; 26 bottom: Biosphoto/SuperStock; 27 top right: Louie Psihoyos/CORBIS; 27 top left: Marcel Clemens/Shutterstock; 27 bottom: Linda Bucklin/Shutterstock; 28 bottom: Annie Griffiths Belt/Corbis; 28 top: Pascal Goetgheluck/Science Source; 29 bottom: Louie Psihoyos/CORBIS; 29 top: CORBIS; 30: James Leynse/Corbis; 31 bottom: Smithsonian Institute/Science Source; 31 top: Benedictus/Shutterstock; back cover: Andrew Bret Wallis/Gettyimages.

Originally published in English as *Fly Guy Presents: Dinosaurs*
Translated by Eida de la Vega

If you purchased this book without a cover, you should be aware that this book is stolen property. It was reported as "unsold and destroyed" to the publisher, and neither the author nor the publisher has received any payment for this "stripped book."

Copyright © 2014 by Tedd Arnold
Translation copyright © 2016 by Scholastic Inc.

All rights reserved. Published by Scholastic Inc., *Publishers since 1920*. SCHOLASTIC, SCHOLASTIC EN ESPAÑOL, and associated logos are trademarks and/or registered trademarks of Scholastic Inc.
The publisher does not have any control over and does not assume any responsibility for author or third-party websites or their content.
No part of this publication may be reproduced, stored in a retrieval system, or transmitted in any form or by any means, electronic, mechanical, photocopying, recording, or otherwise, without written permission of the publisher. For information regarding permission, write to Scholastic Inc., Attention: Permissions Department, 557 Broadway, New York, NY 10012.
This book is a work of fiction. Names, characters, places, and incidents are either the product of the author's imagination or are used fictitiously, and any resemblance to actual persons, living or dead, business establishments, events, or locales is entirely coincidental.

ISBN 978-0-545-93187-8
19 18 17   24
Printed in the U.S.A.   40
First Spanish printing 2016
Book design by Rocco Melillo

Un niño tenía una mosca de mascota. La mosca se llamaba Hombre Mosca. Hombre Mosca podía decir el apodo del niño: ¡BUZZ!

Buzz y Hombre Mosca fueron al museo de historia natural.

—Este museo tiene cosas fantásticas —dijo Buzz—. Aquí hay huesos de dinosaurios.

¿HUEZZOZZ?

Hombre Mosca estaba emocionado. Entraron para aprender acerca de los dinosaurios…

Los dinosaurios vivieron en nuestro planeta hace 250 millones de años, durante la Era Mesozoica. En ese entonces, toda la tierra del planeta estaba unida. Esa gran masa de tierra se llamaba Pangea.

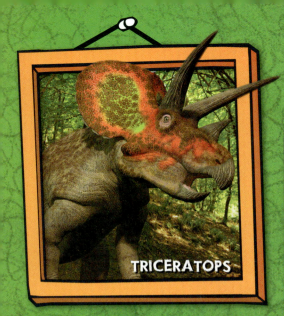

TRICERATOPS

BRACHIOSAURUS

Los humanos no existían en la época de los dinosaurios. ¡Pero las moscas sí!

¡Los científicos han descubier[to]
700 tipos de dinosauri[os].
No todos los dinosauri[os]
vivieron al mismo tiemp[o].

Por ejemplo, el *Tyrannosaurus* rex y el *Stegosaurus* nunca se encontraron porque vivieron en épocas diferentes.

Los dinosaurios son parientes cercanos de las aves. Se ve por la manera en que los huesos de sus patas se unen a la cadera.

esqueleto de pájaro

esqueleto de dinosaurio

Todos los dinosaurios tenían escamas, pero algunos hasta tenían plumas, como las aves.

dinosaurio emplumado

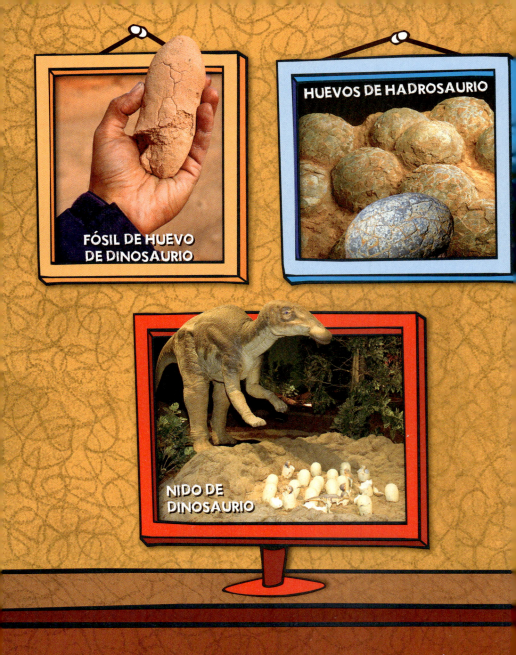

Los bebés dinosaurios nacían de huevos. Algunos huevos eran tan grandes como balones de fútbol. Otros eran pequeños. La mayoría de los dinosaurios ponía los huevos en nidos en el suelo.

ALLOSAURUS

DIENTES DE ALLOSAURUS

Algunos dinosaurios, como el *Allosaurus*, comían otros dinosaurios y animales. Eran carnívoros. Los carnívoros tenían dientes afilados para cazar y masticar la carne.

El Tyrannosaurus rex era carnívoro. El T. rex tenía dientes y garras afilados. Podía correr rápido y tenía muy buen olfato.

T. rex

Garras de T. rex

El T. rex medía cerca de 40 pies de largo. ¡Ese es el largo de un autobús escolar!

El T. rex era un gran cazador. Por eso se lo llama "el rey de los dinosaurios".

VELOCIRAPTOR TRAS UNA PRESA

Muchos dinosaurios, incluyendo el *T. rex*, eran depredadores. Cazaban a otros dinosaurios y animales, llamados presas. Los dinosaurios tenían armas para asustar a los depredadores o para cazar presas.

Muchos depredadores, como el *Velociraptor*, tenían garras y dientes afilados.

GARRA DE VELOCIRAPTOR

El *Stegosaurus* era herbívoro. Tenía una cola grande con pinchos para ahuyentar a los depredadores.

COLA DE STEGOSAURUS

¡Mi cuerpo es mi arma!

Los dinosaurios vivieron en la Tierra por mucho tiempo. Entonces, ¿eran muy inteligentes?

STEGOSAURUS

Sabían defenderse y eran buenos cazadores. Pero la mayoría no era más inteligente que los gatos o los perros. Los científicos creen que casi todos tenían cerebros pequeños. El *Stegosaurus* tenía el cerebro del tamaño de una nuez.

Muchos reptiles que vivieron en la Era Mesozoica no eran dinosaurios. Los dinosaurios sólo vivían en la tierra.

Los pterosaurios eran reptiles voladores. El pterodáctilo era un tipo de pterosaurio.

Pterodáctilos

Pterodáctilo aterrizando

Los plesiosaurios vivían en el agua en la misma época en que vivieron los dinosaurios.

Plesiosaurio

Los pterosaurios y los plesiosaurios no eran dinosaurios.

Los dinosaurios dominaron el planeta por 165 millones de años. Pero hace 65 millones de años todos murieron, es decir, se extinguieron. Los científicos no saben por qué. Algunos

• NUBE DE CENIZAS VOLCÁNICAS •

ensan que un enorme meteorito chocó contra Tierra. Otros piensan que una nube de cenizas, roducto de una explosión volcánica, bloqueó el ol y dejó a los dinosaurios sin alimentos.

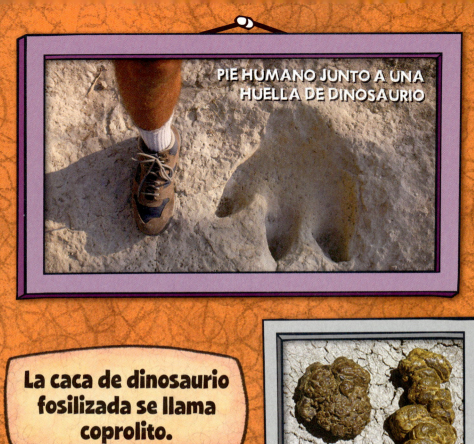

PIE HUMANO JUNTO A UNA HUELLA DE DINOSAURIO

La caca de dinosaurio fosilizada se llama coprolito.

COPROLITO

Los fósiles son los restos de algo que existió hace mucho tiempo.

Pueden estar en rocas formadas a través de muchos años. Otros fósiles son los huesos de dinosaurios. Los científicos han aprendido mucho acerca de los dinosaurios estudiando los fósiles.

Un paleontólogo es un científico que estudia la historia de la vida en la Tierra.

paleontólogo en el laboratorio

Los paleontólogos emprenden viajes de excavación en busca de huesos de dinosaurios. Cuando los encuentran, reconstruyen el esqueleto.

¡Excavación!

Cada hueso se saca de la tierra.

Después, los científicos los arman como un rompecabezas muy difícil.

paleontólogo armando un esqueleto de dinosaurio